Corona-Chroniken & Co

Gedichte zum Wandel der Zeit

Ana Flor

Corona-Chroniken & Co

Gedichte zum Wandel der Zeit

Ana Flor

Bibliografische Information der Deutschen Nationalbibliothek:

Die Deutsche Nationalbibliothek verzeichnet diese Publikation in der Deutschen Nationalbibliografie; detaillierte bibliografische Daten sind im Internet über dnb.d-nb.de abrufbar.

1. Auflage 2022

Copyright © 2022 Ana Flor

Umschlaggestaltung und Layout: Ana Flor

Fotos und Bilder: Ana Flor

Kontakt: poems@anaflor.de

www.anaflor.de

Herstellung und Verlag:

BoD—Books on Demand, Norderstedt

ISBN 9-783756221011

Inhalt
CORONA-CHRONIKEN & CO
Vorwort

Vorwort

Viele von uns hatten in den Wochen der Lockdowns Zeit zum Nachdenken, um sich (neu) zu sortieren und zu besinnen—darauf, was wirklich zählt im Leben. Das war eines der Geschenke dieser unwirklichen Zeit, die uns wohl alle bis ins Mark erschüttert, durchgeschüttelt und vielleicht auch wachgerüttelt hat. Was zählt, sind neben unseren individuellen Wünschen nach Gesundheit, Geliebt-werden und Eingebunden-sein Frieden, Freiheit und eine intakte Lebenswelt.

Meine Hoffnung ist, dass wir als gesamte Menschheit nicht nur erkennen, dass nichts selbstverständlich ist—weder eine intakte Natur noch Frieden oder Freiheit—und dass zu unser aller Wohlbefinden eine intakte Mitwelt gehört. In einer Zeit, wo der Krieg bis vor unsere Haustür zurückgekehrt ist, ist es mehr als dringend zu erkennen, dass es darum geht, unsere natürlichen Lebensgrundlagen Boden, Wasser und Vegetation genauso zu schützen wie das kostbare Gut der Freiheit und des Friedens. Und vor allem auch zu realisieren mit Herz und Verstand, dass alles voneinander abhängt und miteinander verwoben ist, wobei eine intakte Natur / Mitwelt die Grundlage formt für alles Weitere. Ohne sie sind Frieden und Freiheit gefährdet bzw. nicht möglich.

Mögen wir die Kostbarkeit des Augenblicks (siehe nebenstehendes Foto) würdigen und aus ihm heraus den Blick für die Schönheit und Kostbarkeit allen Lebens auf diesem (noch) blauen Planeten schärfen, um uns vom Ego- zum Altruismus zu entwickeln.

Dieser Gedichtband ist meine Antwort auf und Verarbeitung von Umweltthemen und Pandemie—mein bisher dunkelster und pessimistischster Gedichtreigen, auch wenn sich immer wieder helle Silberstreifen amWorthorizont abzeichnen. Doch auch diese Seite schlummert in meiner Brust, sucht nach Ausdruck und spricht wohl dem einen oder anderen Menschen ebenfalls aus der Seele. Gemeinsam trägt es sich leichter.

In diesem Sinne wünsche ich nachdenkliche Lesestunden und danke allen Menschen, die mich auf meinem Lebensweg begleiteten und begleiten, denn sie alle haben auf ihre Weise zur Vollendung dieses Gedichtbandes beigetragen.

Ana Flor, im Mai 2022

Schwebfliege vor Islandmohn, Norwegen

Für alle,

die innehalten, um den Duft einer Rose einzuatmen,

die sich erfreuen können am Spiel der vorbeiziehenden Wolken

und die nicht müde werden, sich für den Erhalt von Natur, Frieden und Freiheit einzusetzen, auf welche Weise auch immer.

Auf der Erde wird es still

Wo sind die Elefanten,
die einst so froh und zahlreich
durch die Savanne rannten?

Und wo sind die Giraffen?
Nun, drei gibt es noch,
die könnt ihr im Zoo begaffen.

Nashörner gibt's auch nicht mehr.
Das letzte Nashorn starb gestern,
durch einen vergifteten Speer.

Ich sehe auch keinen Gorilla.
Tut mir leid, auch von ihnen
ist schon längst keiner mehr da.

Aber Schimpansen gibt es noch?
Nein, die letzten kamen als bushmeat,
zu einem Fünfsternekoch.

Und der rote Orang Utan?
Wir töteten alle von ihnen
im Palmölplantagenwahn.

Sind auch die Eisbären verschwunden?
Ja, denn sie haben schon lange
nichts mehr zu fressen gefunden.

Und Wale, Aal, Delphine?
Was ist mit Hummel, Käfer, Biene?
Was mit Amsel, Fink und Star?
Nichts, da wo einst Leben war.

Ob Haie, Krebse oder Krill,
in den Meeren wird es still.
Ob Dugong, Dorsch oder Makrele,
wir nehmen der Erde ihre Seele.

Artensterben nennt sich das.
Das hat die Erde oft erlebt.
Nur, diesmal werden wir richtig nass,
da sich der Mensch als Gott erhebt.

Die Krönung allen Lebens,
das ist Mensch nun wirklich nicht.
Hoffen auf Einsicht?—vergebens.
Mensch verpasst Erde ein Narbengesicht.

Wir sind dabei, uns zu vernichten,
Tiere und Pflanzen sterben,
und die Kinder werden mitnichten
Leben, sondern eine tote Erde erben.

Vielleicht gibt es bald nur künstliches Leben,
dann braucht es keinen Sauerstoff.
Doch sollten wir wirklich danach streben?
Ich glaube nicht und so hoff'

ich auf die gute Wende,
auf das gemeinsame Aufwachen,
auf liebevolle Herzen, Hände,
die dem Spuk ein Ende machen.

Wir müssen Wald und Meere schützen,
jede Biene, jeden Baum,
denn, mal ehrlich, was nützen
uns Technik, Geld und Wirtschaftsraum,

wenn die Erde Ödland ist.
Was nützen all die schönen Dinge,
wenn die Menschenwelt vergisst,
dass sie allein verloren ist.

Blinde Zeiten

Wir leben in blinden Zeiten,
und Stumme haben das Wort.
Taube, die lauthals streiten,
und Wahnsinn an jedem Ort.

Hirn- und gefühlloses Tun,
wohin mein Auge auch schaut.
Plumpsack und erblindetes Huhn,
eine Welt aus Schaum gebaut.

Seifenblasenbunt statt siegen.
Schmetterlinge statt Metall.
Menschen, lernt endlich zu fliegen,
ohne Angst vor freiem Fall.

Blumengeäst

Mein Blumengeäst wächst und gedeiht
in die Stille hinein.
Und durch mein Wurzelgeflecht fließt
und strömt der helle Schein
einer neuen Vision.
Wir kannten sie schon,
doch hatten wir sie vergessen,
waren stattdessen wie besessen
der Materie hinterhergerannt.

Es verändern sich die Dinge
in ungekanntem Ausmaß,
und Spaß wird zu rarem Gut.
Wir brauchen Mut und viel Zuversicht,
denn momentan spricht
die Angst zu uns
und nimmt uns den Atem.
Es geschehen
merkwürdige Dinge.
Ja, wir stehen an der Wende
zu einem neuen Weltgeschehen.

Corona-Zustand

Uns vergeht das Lachen,

und die Schaukeln stehen still.

Man kann fast nichts mehr machen,

und niemand weiß mehr,

was er, sie, es will.

Der Corona-Zustand

frisst sich ins Gemüt,

und es wird noch dauern,

bis der Frühling wieder blüht.

Die Durststrecke ist lang,

und Wasser nicht in Sicht.

Doch hör' ich Hoffnungsklang.

Was Bess'res haben wir nicht.

Dankbarkeit

„Was bedeutet Dankbarkeit?"
fragte der Mensch die Hummel.
„Dankbarkeit ist eine
mit Nektar gefüllte Blüte,"
antwortete sie.

Mensch hatte verstanden
und ging gesenkten Hauptes
die Straße hinunter.

Das Sterben der alten Welt

Dies ist das Sterben der Welt,
wie wir sie alle kannten,
durch die wir alle rannten
und flogen in unbemannten
Raumschiffen
und nun zerschellen
an den selbst geschaffenen
Riffen
und Klippen,
um mit den Gerippen
der Zeit
zu vergehen,
und nirgendwo,
weit und breit,
ist Land zu sehen.

Nichts zu erblicken
als Ödland und Vergänglichkeit.
Stattdessen zicken wir uns weiter an,
und keiner kann uns helfen,
außer wir uns selbst.

Das Wasser steigt

Das Wasser steigt,
die Wälder brennen,
und wir rennen
vor uns selber weg.

Die Arten schwinden,
die Flüsse auch,
flau im Bauch
und Karren im Dreck.

Keiner wird uns helfen,
keiner uns retten,
als hätten
wir das nicht gewusst.

Nun ist guter Rat teuer,
doch noch sind wir bewusst-los...
Keine*r streckt die Segel,
keine*r lenkt das Steuer.

Haben es noch nicht verstanden,
noch nicht begriffen,
unser Schiff strandet an den Riffen
der Habgier.

Das muss ein Ende haben
und wir ein Gefühl für genug.
Das wäre klug,
denn sonst verlieren wir.

Der blinde Fleck

Ist er weiß oder schwarz?

Der schwarze Fleck auf der weißen Weste?

Der schwarze Fleck im Gefieder der

Friedenstaube?

Hat ihm jemand die Augen verbunden,

damit er sich selbst nicht sehen muss?

Oder versucht er verzweifelt,

ins Licht zu blinzeln,

doch bleiben seine Augen trüb.

Fleckentferner.

Fleckinferno.

Flo.

Die alte Welt

Die alte Welt schmilzt dahin
wie das Eis.
Die alte Welt verbrennt
wie die Wälder.
Die alte Welt geht unter
wie die Inseln.

Die alte Welt wird
auf den Kopf gestellt.
Wir haben (unbewusst?)
das Räumkommando bestellt.
Ob es uns nun gefällt
oder nicht:
Die alte Welt (z)erbricht (sich).

Die neuen G's

Im Garten der Geduld
und in der Geborgenheit
der Gemeinschaft
getragen und geschützt
gelingt Großartiges
mit Großmut und -herzigkeit.
Die Gnade, das Geschenk
zu erkennen.
Geben, und in Gleichheit
und Güte den Glanz
einer neuen Geburt
gedankenleer genießen.

Galaxien glühen.
Gebeine gefrieren.
Gutes gewinnt.
Geballtes Glück.

Gereift.
Gewachsen.
Geheilt.
Ganz.

Die Welle

Es geht eine Welle
einmal um die Welt,
die uns nun schon so lange
in ihrem Bann gefangen hält.

Diese Welle hat Noppen
und eine Maske im Gesicht.
Sie ist nicht zum Spaß hier
oder um uns zu foppen.

Diese neue Welle
geht uns durch Mark und Bein.
Sie lähmt das ganze Leben
und lässt uns mit uns allein,

Wir müssen die Welle reiten,
weil wir sonst untergehen.
und auf den Frühling warten
und auf bessere Zeiten.

Die Welt wie ich sie kannte

Die Welt wie ich sie kannte,
die verging, verstarb, verbrannte.
Die Welt wie ich sie kannte,
die gibt es so nicht mehr.
Die Welt wie ich sie kannte,
auf der ich fröhlich rannte.
Die Welt wie ich sie kannte,
nun tote Erde, totes Meer.

Die Kinder dieser Erde
waren wie wilde Pferde.
Die Kinder dieser Erde,
nun Augen, tot und leer.

Ihr Kinder dieser Erde,
hört meine Beschwerde.
Die Kinder dieser Erde
wandern auf schwarzem Teer.
Wir steh'n vor einer Wende,
doch Gott reicht uns die Hände.

Dornröschenschlaf

Jeder Hieb in einen Baum
und jeder Brand in den Wäldern
brennt ein Loch in mein Herz.

Wir sind nicht böse,
wir schlafen nur,
sagt der Dalai Lama.

Wer ist dann der Prinz,
der uns Schlafende
wach küsst?

Prinz Chaos und Verwirrung?
Prinz Überflutung und Erdbeben?
Prinz Inflation und Machtgier?

Oder

Prinz Vernunft und Verstand?
Prinz Herz und Empathie?
Prinz Mitgefühl und Liebe?

Wir werden sehen.

Es brennt

Es brennt der Pantanal.

Es brennt überall.

Kalifornien steht in Flammen.

Das schaffen wir nur zusammen.

In Sibirien wütet eine Feuersbrunst

Jetzt nicht zu verzweifeln—eine Kunst.

Auch in Deutschland brennt der Wald.

Die meisten lässt das schlichtweg kalt.

Überall lodern die Feuer.

Und das wird uns ALLE teuer

zu stehen kommen.

Es hat längst begonnen

Es hat längst begonnen,
die Zeit ist sehr bald verronnen.
Schon lange heißt es für uns: Handeln!
Und diesen Wahn verwandeln
von Wüstengelb in tiefes Grün,
sprich:
1.: Kein Gift mehr sprüh'n.
2.: Artenschutz ins Grundgesetz,
    es ist entsetz-
    lich, das er es nicht schon ist!
3.: Überfischung stoppen
4.: und die Wirtschaft foppen,
    indem wir nicht mehr alles kaufen,
    weniger (am besten gar kein!) Fleisch
5.: und auch weniger saufen.

Und das ist erst der Anfang,
der Rest steht im Anhang.
Wir alle müssen umdenken,
gegenlenken,
dem Detail Aufmerksamkeit schenken.
Das fängt beim fiesen Plastik an,
—und das betrifft jede, jedermann—

und hört nicht bei den Insekten auf.
Nachhaltige Landwirtschaft muss her
und ein Plan zum Schutz von Meer,
Küste und Strand und den Wald,
denn das Ding ist, wenn wir nicht bald
handeln und endlich in die Puschen kommen,
haben wir den Kindern die Zukunft
genommen.
So einfach ist die Wahrheit.
Tatsachen bringen Klarheit.
Die fossile Energie muss weg,
und genau zu diesem Zweck
gibt es nachhaltige Energieträger.

Unterlassen wir das Handeln,
werden aus Kindern Kläger.
Bedenkt: Sie stehen ohne Zukunft da.
Wer von euch schreit nun „Hurra"?
Wir werden neue Wege finden
und uns von der Schuld entbinden
„Wir haben's gewusst und nichts getan."
gegen diesen blinden Wahn.

Es ist die Zeit der Stille

Es ist eine verrückte Zeit.
Alles erblüht, weit und breit
scheint nichts den Frieden zu stören.
Und doch fühlt sich alles anders an.
Die Zeit verharrt im Virus-Bann
und wir zwischen reden und hören.

Es ist die Zeit der Stille.

Es fühlt sich alles anders an.
Weil ich nicht mehr alles machen kann.
Weil die Zeit so dehnbar ist.
Weil die Zeit sich selbst auffrisst.
Weil der Wind uns fordern will,
Weil etwas sagt: Werde jetzt still.
Weil wir nicht alleine stehen,
Weil wir den Weg gemeinsam gehen.
Weil die Gemeinschaft kostbar ist.
Weil du an meiner Seite bist.

Es ist ruhig geworden

Es ist ruhig geworden,
im Norden sinkt die Sonne schneller,
wird es später heller
und schweigend stehen die Wälder.

Es ist heiß geworden,
selbst im Norden glühen die Brandherde,
überall auf der Erde,
und machen alles noch schlimmer.

Es ist still geworden,
im Norden gehen auch die Ideen baden
angesichts der faden
Aussicht auf die Zukunft.

Es sind merkwürdige Zeiten

Es sind merkwürdige Zeiten,
die dunklen Drachen reiten
durch die stille Nacht.

Es sind merkwürdige Zeiten,
bange Gedanken begleiten
so Viele von uns.

Es sind merkwürdige Zeiten,
Angst und Wut streiten
wegen ungestillter Fragen.

Es sind merkwürdige Zeiten,
wer zieht die Saiten
neu auf?

Es sind merkwürdige Zeiten,
hoffentlich schreiten
wir besseren entgegen.

Fettes Mahl

Schweflig schmeckt die Frage.
Faulig riecht das Lachen.
Das Kind sucht Schmetterlinge im Winter.
Erwachsene hüsteln verlegen.
Hämmernde Schritte auf Aktenbergen.
Quietschende Blicke aus stummen Mündern.

Affront.
Klagendes Treten aus wehen Ohren.
Frösche regnen vom Himmel.
Gedanken schnäuzen sich verschämt.
Ein Schritt zu viel.
Die bleiche Morgensonne ruft unsere Namen.

Stille.
Autobahnen kollabieren seufzend.
Ein Licht blendet die, die wissen warum.
Tiere löschen den brennenden Wald.
Kinderhände falten das Tuch.
Der Abend hat ein fettes Mahl.

Flussweh

Was müssen die Flüsse ertragen?
Sie ächzen und sie klagen.
Was müssen die Meere erdulden?
Sie schlucken unsere Schulden
an Plastik, Öl und Schmutz.
Doch für Schuld gibt's keinen Schutz,
und so graben wir durch Taten
ganz ohne Spaten
unser eigenes kaltes Grab
und steigen steil hinab
in gruselige Tiefen,
denn wir schliefen
statt zu handeln
und schlafwandeln
noch immer.

Der Abgrund rückt näher,
ich sehe die Späher
der Endzeit,
macht euch bereit
für den letzten Akt,
tanzt im Takt
der Schicksalsmelodie,
denn noch nie
zuvor war Mensch so weit gekommen,
hat sich alles genommen,
für Ruhm und Geld,
wir verheizen die Welt,
die Zukunft der Kinder,
wo Wald war stehn Rinder,
die Wasser sind trüb von der Gier,
und Totenwächter stehn Spalier
am Tor zur Verdammnis.

Gift

Wir vergiften diese Erde
auf dass sie ein Friedhof werde.
Mit Plastik, Öl und viel Chemie
schaffen wir's und schrei'n „jippieh"!
Bis auch von uns nichts übrig ist
und die Nachwelt uns vergisst.
Wir geh'n in die Geschichte ein:
Jeder von uns als Umweltschwein.*
Denn keiner hier ist ohne Schuld,
und Plastik hat sehr viel Geduld.
Denn bis das zerrieben ist,
wird's Jahrhunderte dauern,
und bis dahin lauern
winzige Plastikteilchen im Meer
und zieh'n Schadstoffe zu sich her.
Ein wahrer Chemiecocktail ist das,
der da im Wasser treibt—kein Spaß.
Auswirkung auf Mensch und Tier?
Unzählige. Bestätigt, glaube mir.
Die Wissenschaft hat's rausgefunden.
Meer und Land sind arg geschunden.
Von Politik, Konzernen verschleiert,
sind wir die Doofen—abgemeiert.

* ich entschuldige mich bei diesen intelligenten Tieren
   für den Vergleich.

Doch die Mittäterschaft lässt sich beenden,
wenn wir uns andren Produkten zuwenden.
Hier nur ein kleines Beispiel,
doch diese Veränderung bewirkt schon viel:
Nicht mehr so viel Plastik kaufen
und nicht aus Plastikflaschen saufen.
Haarseife statt Haarshampoo,
das ist einfach und gesund dazu.
Auch das Duschgel ersetz' durch Seife
und durchbrich so die Endlosschleife
der Plastikproduktion.
Schalte von Turbo auf den Schon-
gang für die Natur.
Oder soll ich sagen:
für das Leben?
Denn ohne Natur
würd's uns nicht geben...

Glaube an das Gute

Glaube an das Gute,
und bring' es in die Welt,
weil das den blöden Viren
überhaupt nicht gefällt.

Glaube an das Gute,
und hör' nicht auf, es zu tun.
Bis sich das Dunkle auflöst,
darf niemand von uns ruh'n.

Glaube an das Gute,
und streu' die gute Saat.
Dann zähl' die Glücksleuchtsterne
und steig' ins Freudenbad.

Glaube an das Gute,
und nähr' den grünen Keim.
Dann wird es sich verbreiten,
so wie dieser Reim.

Graswurzeln

Lasst uns sein wie feine Graswurzeln,
uns vernetzen und verbinden,
sanft mit unseren Fühlern finden,
fester und fester und immer fester.

Lasst uns ein riesiges Geflecht sein
und so die Welt umfassen,
um Liebe einzulassen.
Mehr und mehr und immer mehr.

Lasst uns flechten, weben, spinnen,
ein festes Netz der Verbundenheit
in dieser unwirklich anmutenden Zeit
stärker und stärker und immer stärker.

Hätte

Hätte ich im Februar gefragt
und du hättest gesagt:
„Bald kommt die Maskenpflicht
und Konzerte gibt es nicht.
Du kannst nicht zur Schule gehen
und auch Oma nicht mehr sehen.
Überall Mindestabstand,
Corona ist jetzt weltbekannt.
Alle hängen Zuhause rum,
bald sind alle Kinder dumm.
Leer ist jeder Badestrand,
Schweigen herrscht im ganzen Land.
Nichts ist so wie es mal war,
seit der Zeit von Corona."

Ich hätt's nicht glauben wollen
mit Sicht auf die übervollen
Regale mit Nudeln und Klopapier.
Jetzt glaub' ich Dir.

In all dem Chaos

In all dem Chaos steckt viel Potential.
In all dem Chaos stecken viele Fragen:
Was machen wir bloß?
Werden wir den Fluch wieder los?
Haben wir noch eine Chance?
Oder stolpern wir ohne Elégance
in den Abgrund?
In den Schlund des Wachstums?
Der alles verschlingt und uns
um den Planeten bringt?

Wie lange noch?
Lasst uns doch
endlich vernünftig sein
und handeln, um Schlimmes
in Gutes zu verwandeln.

Keine Landung

Ich bin noch immer nicht gelandet
in der Pandemie,
und ich weiß auch nicht,
wer ist stärker—ich oder sie.

Wie lang will sie noch bleiben,
und warum ist sie hier?
So viele Menschen vertreiben
sich ihre knappe Zeit

mit Netflix, nix und Bier.
Leben im Internet,
werden immer fauler,
auch das Hirn wird fett.

Wie lange wird es uns begleiten,
dieses blöde Virus?
Lasst uns die Welle reiten,
in Hoffnung statt Verdruss.

Lauffeuer

Es verbreitet sich wie ein Lauffeuer,
unser Nichtstun kommt uns teuer
zu stehen,
doch noch immer sehen
wir die Wahrheit nicht.

Sie spricht
zu uns durch brennende Wälder,
Schmelzwasserfluten
und vertrocknete Felder.

Feuerwalzen der Ignoranz.
Brandherde der Leugnung
fachen die Glut weiter an.
Welch Mummenschanz.

Festival der Eitelkeiten.
Die Mächtigen bereiten
einen Festschmaus
aus dem Erdenmutterleib.

Wir alle weiden ihn aus
im Schlachthaus des Konsums
und entzünden unsere Sünden
am Zunderschwamm
der Gleichgültigkeit.

Glühwürmchen wären mir lieber.

Lichtmagiequelle
Prolog

Ich hatte viele schöne Jahre,
jetzt rauf' ich mir die Haare.
Was ist nur passiert,
dass uns jetzt ein Virus regiert.

Was haben wir nur getan und
warum regiert uns dieser Wahn,
erschüttert uns bis ins Mark.
Wir glaubten alle, wir seien stark.

Hauptteil

Es gilt in diesen verwirrenden Zeiten,
die inneren Räume zu weiten,
um diese Welle zu reiten
und sich selbst gut zu begleiten.

Und die äußeren Räume zu verschließen,
sie von innen mit Liebe zu begießen,
auf dass aus ihnen Kraftwurzeln sprießen
und ihre Keime in die Höhe schießen.

Hüte diese deine inneren Räume,
erwecke, kitzle deine Träume
in ihnen und dann bäume
dich auf und säume

deinen Liebesstoff mit Licht,
aus dem dein Wesenskern spricht,
sodass er alles Unreine bricht
und zartleise zu dir spricht:

Nun sei stark und vertrau,
sammle Kraft und daraus bau
ein Vertrauenshaus und schau,
auf dich als weise Frau,

die alles Wissen in sich hat,
und iss dich daran richtig satt,
denn ohne Nahrung wirst du matt
und dann macht dich der Wirbel platt.

Bau dein Haus in Stille,
dies sei dein einziger Wille.
Sie ist die alles heilende Pille,
die magische Wunderbrille,

sie wird die Sicht verandern,
dich führen zu neuen Ufern—Ländern,
an deren äußeren Rändern
findest du Halt aus Bändern

der Freude und Leichtigkeit,
nun steh auf, denn es wird Zeit,
mach dich für den Weg bereit
freu dich, er ist licht und weit.

Nimm beherzt die ersten Schritte,
leise, keine harten Tritte,
in deine eigene Seelenmitte.
Dies ist meine stille Bitte

an dich aus deinem Seelenraum
spreche ich zu dir: Erweck den Traum,
lass ihn wachsen, deinen Lebensbaum
bis an den fernsten Weltensaum.

Schluss

„Möge es in allen Herzen erklingen,
sie alle in Frieden singen.
Es braucht unsere lichtvolle Haltung,
um alles ins Gleichgewicht zu bringen.

Wir sollten lachen, tanzen, singen,
Engel mit sanftgoldenen Schwingen
lassen ihre Chöre erklingen,
auf dass Frieden auf Erden sei

und JEDES Herz leicht, froh und frei.“

Mein Gelöbnis

Ich sterbe fast an dem,
was wir so alles produzieren,
mir erfrieren
die Gefühle—
nein,
ich geh fast ein
wie eine Primel
vom Gefriemel
und Getobe,
vom Schwachsinn
und gelobe,
mich auf mich zu besinnen,
bei mir zu beginnen,
wenn alles um mich herum
wie von Sinnen
die Fehler der anderen sucht,
verflucht
noch eins,
es gibt kein deins—meins,
es gibt nur das WIR
und das Jetzt im Hier,
also lassen wir
die Kuh im Stall.
Freier Fall
ins eigene Ich.

M.O.V.E.

move in braveness.

caress

your dreams

it seems

these times

demand

our command

and courage

Nachgedacht

Haben wir darüber nachgedacht
was Mensch da mit der Erde macht?
Oder nehmen wir alles hin
ohne zu fragen, ob unser Tun sinn–
voll ist?

Haben wir je hinterfragt,
ob man uns die Wahrheit sagt
aus den oberen Chefetagen
über Wachstum, Wirtschaft,
Gewinnmargen?

Haben wir richtig hingeschaut,
wo fällt ein Baum, wo wird gebaut?
Wo kommt der Sand her,
und was ist mit den Korallen,
unserem Meer?

Was ist mit Plastik, Gülle, Fleisch und Co?
Wer spült Arznei einfach ins Klo?
Wer kauft was in Plastikflaschen
und steckt Dinge in Plastik-, und nicht
in Stofftaschen?

In Plastik stecken Wurst, Salat, Shampoo,
wer das ändern kann, bist DU!
Kaufe Seife, auch für Haare
und spar so an Material, Gift,
schlicht, an Plastikware.

Wenn wir alle jetzt so handeln,
können wir die Welt verwandeln
für die kommenden Generationen,
denn nicht nur wir—sie wollen
auch hier wohnen!

Paradigmenwechsel

Die Menschen halten den Atem an,
und Mutter Erde atmet aus.
Der Hochgeschwindigkeitszug—
ausgebremst.
Stille.
Leere Straßen.
Die Stille des Übergangs.
Paradigmenwechsel.

Plastik

Plastikflaschen
Drin ist was zum Trinken oder zum Waschen.
Oder Ketchup, Soße zum Naschen.
Kauft sie nicht, raus aus den Taschen.
Denn beim Waschen waschen kleinste Teil-
chen,
die nach einem kurzen Weilchen
noch kleiner werden,
in die Flüsse und von da ins Meer,
und dort schaden sie der Umwelt sehr.
Warum, kommt gleich, doch erst mal weiter.

Plastikhalm
Wie gerne wird an dir gesogen.
Danach wirft man dich achtlos fort
und wirst du von der Strömung fortgezogen.
Was dann geschieht, das wisst ihr schon:
—genau—dass wir es wissen, ist blanker Hohn!
Sehenden Auges ins Verderben,
während Konzerne für Plastik werben.
Frei nach dem Motto:
An irgendwas müssen wir ja sterben.
Dass Plastikreste leicht zu entsorgen sind,
das weiß doch heute jedes Kind.
Man kann das Zeug doch einfach verbrennen?
Nein, wird es verbrannt, macht es bösen Qualm.
Aus die Maus. Aus dieser Nummer
kommen wir so bestimmt nicht raus.

Plastiktüten
Sind mittlerweile eine Pest,
weil keiner die Finger davon lässt.
Ob beim Obst oder Drogerieartikelkauf,
man schwatzt dir gern 'ne Tüte auf
und nimmt 5 Cent dafür—was soll's.
Nach uns die Sintflut, der Teufel hol's.
Dabei sollte man die Meere vor ihnen hüten.
Denn jede Tüte wird weit aufs Meer getrieben
und dort von Wasser und Sonne zerrieben,
bis fast nichts mehr übrig ist
und man das Plastik so vergisst.

Plastikverschluss.
Es gibt so viele von dir und aus Überfluss
wurde längst schon Überdruss.
Wann machen wir endlich mit dir Schluss?
Denn diese Deckelflut ist purer Wahnsinn.
Wenn wir so weiter machen,
war's das bald mit Scherz und Lachen,
denn dann ist echt bald alles hin.
Warum? Na, das Plastik gerät ins Tier.
Und über Alge, Fisch und Muschel kommt's
direkt zurück zu dir.
„Prost Mahlzeit'" kann ich da nur sagen
und mich immer wieder fragen,
warum ist die Menschheit nur so dumm?
Die Antwort ist die Frage:
Warum, warum, warum?

Plastozän

Die Menschheit nach uns (so es sie gibt)
wird einmal nachdenklich sagen,
dies war das Zeitalter des Plastozän.
In dem sind schlimme Dinge gescheh'n.
Die Umwelt war komplett verdreckt.
Plastik sogar in der Erde versteckt.
Man hat die Meere damit verseucht
und alles getötet was kreucht und fleucht.
Bis man das Plastik endlich verbannte.
Doch als man die Gefahr erkannte,
war es bereits zu spät,
was uns die Bodenprobe verrät.
In ihr lässt sich ganz viel Plastik finden,
was mitverantwortlich ist für das Verschwinden
fast aller Arten von der Erde.
Und damit ich jetzt nicht traurig werde,
schreib ich mein nächstes Protestgedicht,
denn ohne Protest geht es nicht
weiter...

Plastik II

Es schwimmt Plastik in unsren Gewässern,
und wollen wir das ändern
und unsere Lebensqualität verbessern,
dann müssen wir raus aus den Gewändern,

aus Plastik und Gewohnheiten,
uns neu und umorientieren,
innovative Wege beschreiten
und nachhaltige Stoffe kreieren.

Bess'res Material gibt's allemal,
und schlaue Erfinderköpfe auch,
denn Plastik ist megafatal,
u.a. haben's die Wale im Bauch.

Es hindert die Algen und ist in Quallen,
sammelt sich in Schalentieren,
und am Ende landet es in allen
Wesen, samt den zweibeinigen Tieren.

Das hat schon längst begonnen,
und wir schau'n immer noch weg,
viel Zeit ist schon verronnen,
der Karren steckt nun tief im Dreck.

Lasst uns die Zeiten wenden
mit unsren eignen Händen
das Schiff selber steuern
und 'ne neue Crew anheuern.

Plastikfisch*

Das Meer ist eine Plastiksuppe.
Netze, Flaschen, Barbiepuppe.
Alles wandert in die Ozeane,
auch Fleecepullifusseln und Plastikplane.

Plastik am tiefsten Meeresgrund,
in Lachs, Schildkröte und Seehund.
Es verschmutzt auch unsre Küsten,
wenn das nur alle endlich wüssten!

Dies ist nur der eine Teil,
denn alldieweil
machen Sonne, Reibung und Chemie
aus dem Plastik Nanoparti–

kelchen, was haben wir getan?
Es ist der schiere, helle Wahn.
Der wissenschaftliche Befund:
zwei vor Zwölf—Abgrund.

Es ist ein Wettlauf FÜR UNS ALLE.
WIR ALLE sitzen in der Falle.
Die Zeit zu reden ist dahin.
Allein Handeln macht noch Sinn.

* preisgekrönt

Plastikscheiß und Co

Haben wir's noch nicht verstanden:
Uns kommt die Erde abhanden!
Langsam, schleichend, immer schneller,
landet Plastik auf dem Teller.

Die Meere sind bald leer gefischt,
stattdessen Plastik aufgetischt.
Was wirst du jetzt wohl dazu sagen,
denn alles geht durch jeden Magen.

Und es macht vor niemandem halt.
Die Folgen sehn wir jetzt, nicht bald!
Es sterben die Wälder und die Meere,
nur Zerstörung, Vernichtung, Leere.

Nur Ödland, Ödmeer, Tod statt Leben,
Wie lange wird es uns noch geben?
Das hier geht uns alle an.
Darum, ob Frau, Kind oder Mann,

wir müssen dem ins Auge schauen,
forschen, handeln und vertrauen
in neue Wege, Gemeinschaftssinn,
dann kriegen wir's vielleicht noch hin.

Plastiktick

Kann das Wort Plastik nicht mehr hören.
Überall ist dieses Zeug.
Doch gibts zum Glück viele Menschen,
die sich am Plastik stören.

Ob als Flasche, Zuckertüte,
Butterdose oder Kamm,
Stoßstange, Peelingkugel,
Plastik ist in seiner Blüte.

Doch dieses verfluchte Material
verliert allmählich seinen guten Ruf.
Und immer mehr steht der Haufen
unter Kritik, der den Plastikberg erschuf.

Die Bürger wachen auf, rufen: 'Nein',
wollen das Zeugs nicht mehr.
Denn es ist in Flüssen, in den Meeren
und dringt in die Nahrungskette ein.

Was das später mit den Kindern macht?
Davon hat keiner eine Ahnung.
Es gibt keine Langzeitstudien,
Und man hört, wie der Teufel lacht.

Wir Verbraucher können handeln,
wir müssen dieses Zeug nicht kaufen.
Wir können Alternativen wählen,
und so die Plastikflut verwandeln.

Jeder von uns hat's in der Hand.
Es ist an uns, nicht mitzutun.
Kauft den ganzen Mist nicht mehr
und steht auf für euer Land.

Für die ganze Erde und die Meere.
Steht auf für die Zukunft eurer Kinder
und handelt endlich nachhaltig.
Gute Macht entsteht, wenn ich mich wehre.

Ich muss das nicht alleine tun.
Wir sind viele, werden mehr,
die gemeinsam die Zukunft gestalten
Bis alles Plastik verschwunden ist,
werden wir nicht ruh'n!!!

Poly-Tisch (Rap No 1)

Black lives matter
Dark matter
NYC
Banksy
Covid
Crash
Chaos

Blood in the streets
No more sweets

We have to listen
To the needs
Of mother nature
She doesn't hate ya'
She's not human
But true, man

Regenbogenbonbons

Lasst uns Regenbogenbonbons lutschen
und auf Freudenspuren rutschen.
Lasst uns mit Liebespfeilen schießen
und die Welt mit Quatsch begießen.

Lasst uns wie die Kinder werden
und den Ernst ganz doll gefährden.
Lasst uns zu den Sternen fliegen
und nie mehr einen Virus kriegen.

Lasst uns Licht und Mut verbreiten
und auf Sternenbahnen gleiten.
Lasst uns vom Hoffnungsbecher trinken
und dann in sanfte Träume sinken.

Schatten

Ein Schatten wandert über den Globus
und verdunkelt unsere Seelen.
Ich spüre Angst, Hass und Verdruss,
und dass wir Mutter Erde quälen.

Ein Schatten liegt über uns allen,
und droht uns zu verschlingen.
Der Teufel findet Gefallen
an all den schlechten Dingen.

Ein Schatten verdunkelt unsre Herzen
und lässt sie bange schlagen.
Neubeginn kann schmerzen,
doch wir müssen es wagen.

Schluckauf

Die Erde hat Schluckauf und Fieber.
Ihre Haut glüht von all den Feuern.
Ihr Blut ist vergiftet von unserem Schmutz.
Ihr brennen die Augen vom Qualm der Feuer.
Ihre Stimme ist heiser vom Wehklagen.

All die vielen Wunden und Narben.
Und jede Sekunde kommen neue hinzu.
Ihr Organismus ist geschwächt.
Leber und Niere könnten versagen.

Der Puls ist schwach, die Stirn ganz feucht.
Der Atem pfeift, die Lunge rasselt.
Die Gelenke werden steif,
Das Herz-Kreislaufsystem ist instabil.

Warum hören wir es nicht?
Sehen es nicht?
Riechen es nicht?
Schmecken es nicht?
Fühlen es nicht?
Sagen es nicht?

Die Erde hat Schluckauf und Fieber.

Schmetterlingskrallen

Wo kommst du her, wo gehst du hin?
Wie gibst du deinem Leben Sinn?
Dir fehlen Freude, Mut und Kraft.
Bist ohne Auftrieb, tief erschlafft.

Du siehst den Sinn des Ganzen nicht.
Lüge, was man uns verspricht.
Hinter allem lauern Fallen.
Selbst ein Schmetterling hat Krallen.

Das Paradies ist leer gefischt,
abgeholzt und aufgetischt!
Wir hocken in der Illusion
aus Cyberworld und Silikon.

Wie kommst du aus dem Rattenloch?
Du bist wach und schläfst dennoch.
Du siehst alles und bist blind.
Du bist Greisin und das Kind.

Hast den Schlüssel ohne Tür.
Hast das Wider und kein Für.
Dir geht echt die Puste aus.
Suchst den Frieden, dein Zuhaus.

Jetzt wird dir die Antwort klar:
Es ist, wo es schon immer war—
in dir!

Schwarzes Loch

Dort, wo einst die Kunst mal war,
gähnt nun ein schwarzes Loch.
Nur ein bisschen gibt's sie noch—
doch—wie lange noch?

Es kriecht die Angst aus allen Ecken,
doch statt uns zu verstecken,
sollten wir gemeinsam steh'n,
sonst wird die Kunst für immer geh'n.

Setzt euch ein für das, was ihr liebt,
denn es gibt
keine Alternative,
keine Lokomotive
mit Rückfahrschein
ins Gestern.
Dies ist kein Western,
auch keine Komödie.
Nenn' es Tragödie
mit offenem Ende.
🎭

Denn der Stern der Kreativität
⭐ steht auf dem Spiel.

72 days of lockdown

72 days of personal lockdown
because of a virus named crown.
72 days out of the world
and the longer it takes the more I curl
up like a rainbow snake
and love to wake
up late and take my time,
having a tea with honey and lime,
sitting in the garden,
listening to the birds,
and slowly slowly I loose my words.
I concentrate on myself
and put many books back on the shelf.
I sense and smell the flowers
and could watch them for hours.
I enjoy the awakening of creativity
because of the unlimited liberty
that came to me as a gift.
And so there is a little shift
in reality, kind of a reset,
not for all, but I bet
that many enjoyed the clean air
and that many started to care
about nature, about mother earth
and found out that it's worth
fighting for it.

Statement von Mutter Natur

Finde mich in dir.
Doch suche mich nicht.
Bleibe bei DIR
und besinne dich—
auf DICH.
Nicht immer will ich
Dich um mich haben.
Ich brauche auch mal meine Ruhe!
So gut du es auch meinen magst—
frage mich vorher!
BEVOR du meinen Wald
oder meine Wiesen betrittst.
Meine Berge. Meine Seen. Mein Meer.
Ja, frage mich, so gut du es auch meinen
magst!
Ich habe nicht immer Lust auf dich.

Ich werde dich
unterweisen
und speisen
mit meinem Wissen
und dich wissen lassen,

wenn es Zeit ist,
die Knospen zu erfassen,
das Moos zu berühren,
den Wind zu spüren
und die Blüten zu küssen.

Jetzt müsst ihr Menschen
in die Einkehr gehen,
euch selbst verstehen,
um mich zu sehen.

Ihr seid so oft bei euch.
Ich brauche eure Hilfe nicht.
Fragt mich vorher,
bevor Ihr meint, mir Gutes tun zu müssen.
Momentan nervt mich euer Andrang.
Überall wo ich bin, seid auch Ihr.
Rennt herum, trampelt und schreit.
Das macht mich müde.
Nirgendwo mehr finde ich meine Ruhe.
Ehrlich gesagt:
Ich bin euer überdrüssig.
Jede Ameise versteht mich besser.

Lausche, halte inne.
Ruhe in dir
bei Dir,
wo auch immer das ist.
Du vergisst
ICH brauche keine Kraft.
Und eure Menschenenergie schafft
mich.

Und solange Euch der Respekt fehlt
—entschuldigt die Verallgemeinerung—,
könnt Ihr lange betteln und flehen.
Dann werde auch ich Euch nicht sehen
und Eure Not nicht verstehen.
Es geht nur GEMEINSAM.
Die Alternative ist:
ich ziehe einsam
meine Bahnen durchs All,
bis neues Leben entsteht
und die Erinnerung an Euch
vergeht.
Ihr habt die Wahl:
Mit mir oder ohne.

Mich kratzt das nicht die Bohne,
das wisst ihr.
Denn ich bin immer hier.
Ihr seid die, die gehen.
Wir werden sehen
wie Ihr Euch entscheidet.
Doch je länger es dauert
desto länger leidet
jedes Wesen mit Euch.
Seid Euch der Verantwortung bewusst
und schöpft Kraft aus dem Wissen,
dass ich an Eurer Seite stehe,
wenn ich Euer Verstehen sehe.
Also:
entscheidet euch,
die Uhr tickt.

S. T. I. L. L. E.

Was, zum Teufel, ist nur los?
Die Erde bebt, und nicht bloß
unter den Vulkanen.
Wir haben scheinbar alles
und leiden doch so Not.

Unsere Erde erzittert unter dem Feuer
auf ihrer Haut.
Und die Mächtigen kämpfen erbittert
um mehr Macht.
Und die meisten aller momentanen Feuer sind
menschengemacht.

Und so geht es weiter und weiter
und hört nicht auf.
Es ist ein Wettlauf
gegen die Zeit.
Wir wissen das.
Schon lange, doch Spaß
und Spiel sind Nummer eins.
Dann pflanz' ich vielleicht ein Bäumchen,
vielleicht aber auch keins.

Und so geht es weiter wie bisher.
Und in der Zwischenzeit brennen die Wälder

S. T. I. L. L. E.

—InterimPolitikHinundHer—

Sturmstille

Ich gleite durch diese
unwirkliche Novemberzeit.
Stille der Natur und
Stille in den Menschen.

Es macht sich etwas in
uns allen merkbar stürmisch breit.
Sturm in der Natur und
Sturm in uns.

Wir spüren den Wandel
und sind doch nicht dafür bereit.
Sturmstille der Natur und
Sturmstille in den Menschen.

Taumeln

Wir alle taumeln,
und unsere Träume baumeln
am seidenen Faden der Hoffnung.

Stromschnellen und doch
stehende Gewässer—
ohne Corona wär's besser.

Wie lange wird das noch so gehen?
Wisst ihr noch wie das ist,
das Eng-Beieinander-Stehen?

Wir trudeln in den Fluten
der neuen Realität
und unsere Herzen bluten.

Doch nichts darf die Hoffnung trüben,
also lasst uns gemeinsam üben,
voller Mut und Vertrauen zu sein.

The weather in our hearts

Feel the sorrow
of the next generation
and there will be a tomorrow
for all of us.

Let's stand up together
and change the climate
and the weather
in our hearts—
now!

Times of confusion

These are times of confusion,
confusing times,
through which we walk TOGETHER.

In these times of confusion
we have to stand firm as a rock.

In these times of confusion
invite trust.

In these times of confusion
leave no room for fear.

In these times of confusion
enjoy your dreams.

In these times of confusion
stand bravely in first row

in times of confusion
others have done this, too.

In these times of confusion
be love for others.

In these times of confusion
stand firm and wander
with your spirit.

In these times of confusion
stay in the now, be here.

In these times of confusion
draw a future full of light.

In these times of confusion
show your face to the sun.

In these times of confusion
enjoy silence.

In these times of confusion
ignore the voices of your ego.

In these times of confusion
dance, laugh, jump.

In these times of confusion
be happy, meditate and sing

your song for the world
to lighten up the shadows.

May they disappear in grace.
Be full of trust—
this will help ALL of US!

Toter Schmetterling

Augen stöhnen unter ihrer Last.
Die Nase hört Geschichten.
Der Mund lauscht stumm.
Ohren sprechen laut
von besseren Zeiten.

Atem fühlt das Grau
wie schwere Steine.
Lasten werden geschleppt,
doch keiner weiß wohin.
Blinder Tatendrang durchdringt
selbst heilige Stunden.

Berührungsangst.
Bekümmerte Gesichter
scheuen das Lachen.
Im bleichen Sonnenaufgang
klebt ein toter Schmetterling.
Verfangen im Netz
zu vieler ungefragter Fragen.

Trampeltier

Der Sommer trampelt
durch die Felder,
ertränkt die Flüsse,
verbrennt die Wälder.

Der Sommer droht
mit Wolkendunkel,
und um die Zukunft
gibts Gemunkel.

Der Sommer hält nicht,
was er verspricht,
und macht mich müde,
wenig Licht.

Er trägt die schwere Last
der verwirrenden Gegenwart.
Und fügt sich ohne Hast
in sein Schicksal.

Trauben der Leicht(sinn)igkeit

Wir hängen an den Trauben
der Leicht(sinn)igkeit
und sind kaum bereit,
davon abzuweichen.
Stattdessen reichen
wir dem schnöden
Mammon die Hand,
zerstören Meer und Land
und wähnen uns in Sicherheit.
—
Doch sind wir nicht gefeit
vor uns selbst.

Traumhände

In versteckten Morgenfalten
altern die Gedanken
und lauwarm schwappt
die Kaffeebrühe durch
das Alltagseinerlei.

Selbstauferlegte Pflichterfüllung
weist Freiheit
in die Schranken
und Sturmböen aus dem Nichts
reißen den Freudenschrei
jäh entzwei.

Früh verpuppen sich
die Träume,
schlummern im Chitingewand
und reichen manchmal
dem schnarchenden Schläfer
lautlos die Hand.

trauriges zwickelzupfen

trauriges zwickelzupfen
geneigtes herbsthirn
aufgeklapptes erdenschweigen
zugewandtes allgestirn

holpriges herzgeklapper
schwelender gedankenschweif
einseitig gerichtete armstreckung
vielgefalteter haarraureif

ausgelaugtes körpersaften
vorwärts strebender menschentaumel
grubengrabendes spatenheben
verstrickt geklebtes lebensgebaumel

Tuch des Guten

Der CoronaSommer floss dahin
wie laue Vanillesoße,
und ich bin
immer noch nicht gelandet
im Herbst.
In mir klafft eine Lücke.

Das Virus hat sich reingeschlichen,
in unser aller Leben.
Noch sind wir nicht gestrandet,
doch Vieles versandet
einfach so im Nichts.

Vieles hat sich verschoben,
Vieles ist verrückt.
Die Welt—aus den Angeln gehoben,
Vieles ist auch geglückt.
Die Welt hat einen Satz gemacht
...
während wir alle schliefen.

Und es hat bereits begonnen

It does something to you.
And it sticks like glue
to your shoe
like shoe-ing gum.

En je loopt met een boterham
door de stad
en je denkt: „Had
ik maar gewonnen."

Und es hat bereits begonnen
„Wie gewonnen so zerronnen."
Und doch sind wir immer
noch nicht satt.

Ungnade

Frühling verlor die Farben
auf dem Totenbett des Winters.
Verfrorenes Blau,
erstarrt in fahlem Gelb.

Verblichenes Grün,
frostkalt umklammert.
Der Märzenbecher leer,
und das Wasser schwarz.

Bleich gibt sich die Sonne
und stark ergraut der Mond.
Mutter Erde ist müde
und Vater Himmel ratlos.

Die Elemente verlassen uns.
In Ungnade gefallen.
Wir sollten uns besinnen,
bevor das Licht erlischt.

Verfrühter Sommer

Wir schweben,
eingehüllt in betörendem Fliederduft,
durch unheimlich erwärmte Zeiten.

Die Vernunft ist blockiert
ob der Schönheit eines
explodierenden Scheinsommers.

Scheinfrieden.
Scheinbar schön.

Die Nase voller Fliederduft
haftet unser Blick an einer
einsamen Biene.

Weißer Frühling

Der Frühling versinkt im Schnee
und die Menschenwelt im Chaos.
Weiß ist die Farbe des Todes,
Und Neuanfang tut weh.

Alles ist durch den Wind,
und ein Virus setzt uns Grenzen.
Denn diese sind längst überschritten.
Das sieht wohl jedes Kind.

Es gibt kein Unten und kein Oben,
was gestern galt ist heut vergessen.
Alles erfindet sich neu oder stirbt.
Die Realität hat sich verschoben.

Es geht nicht gegen die Natur,
das sollten wir endlich begreifen.
Uns wird der Spiegel vorgehalten,
Doch—wann begreifen wir das nur?

Viele wollen zurück in ihr altes Leben,
und verstehen nicht, dass es geht.
Was wir kannten kommt nicht zurück,
das Alte gilt es aufzugeben.

Die einzige Chance ist innezuhalten
und die Leere zu umfangen,
damit das Neue entstehen kann,
bevor alle Flammen erkalten.

Weltenbrückengänger

Wir—jedenfalls einige von uns—sind
Wanderer
zwischen den Welten.
Dorthin, wo andere Gesetze gelten,
zieht es uns, hin zum Licht.
Und das Wort ‚nicht' gibt's da nicht.

Im Zwischenraum ist der Freiraum.
Dort träumen alle den gemeinsamen Traum.
Und wissen, dass er Wahrheit ist.
Der Raum, in dem man sich selbst vergisst.
Weltenfreiraumwanderer.
Gedankenbrückengänger.
Traumwahrheitsfinder.
Weltenbrückenkinder.
Freiraumfänger.
Wanderer.

Weltenwirbelnebel

So sehr die Wirbel auch wirbeln
und die Finsterdrachen sich erheben,
so sehr wächst meine Entschlossenheit,
wird mein Tanz wilder,
mein Gesang lauter,
meine Kraft entschlossener,
mein Blick klarer,
geöffnet für

"das Davor",
"das Dahinter"
und "das Jetzt".
Ich bin bereit.
Wir alle sind es.

Die Schwingen weit
steh ich bereit
in wilder Zeit
mit all meiner Liebe
und Tapferkeit.

Wickelkind

Wickelt mich noch fester
in eure warmen Decken,
sodass ich mich weder
rühren noch strecken kann.

Wie ein mongolisches Kind,
das still den Himmel schaut
und sich fragt, wo nur
all die Krieger sind.

Versteckt mich unter
meterhohen Kissenbergen,
und tragt mich tapfer
zu den sieben Zwergen,

dass ich mich dort
verstecken kann.
Vielleicht bricht ja die Zeit
diesen schlimmen Zauberbann.

Bis dahin bleib ich einfach liegen
auf meinem warmen Stroh,
und glaube wie ein Kind,
morgen sind wir wieder froh.

Wo sind die Insekten hin

Wo sind die Insekten hin.
Wo sind sie geblieben?
Wo sind die Insekten hin.
Was ist geschehn?
Wo sind die Insekten hin
Was hat sie vertrieben?
Wo sind die Insekten hin.
Wer hat sie gesehn?

Pestizide, Gülle und Co,
der Klimawandel sowieso
sind schuld daran,
dass man kaum noch welche sehen kann.
Die meisten ekeln sich eh
und sind wahrscheinlich froh.
Doch ohne Biene keine Beere.
Erweist ihnen die letzte Ehre
und seht dann weiter schweigend zu.
Doch wer letztlich mit verschwindet,
dass sind wir—ich und du.

Kippt weiter Gülle auf die Felder,
vergiftet Meere, Flüsse, Wälder.
Roundup, Plastik, Kohleabbau,
die Krönung der Schöpfung als Umweltsau*.
Ich möchte Politik und Wirtschaft gratulieren,
auch uns zum gelungenen Ruinieren.

Der Verstand ist eh schon hin,
verbritzelt, verkommen, vergoren.
Was macht jetzt am meisten Sinn?
Oder haben wir bereits verloren?
Wo ist die rettende Idee,
die ich vor Wut einfach nicht seh?
Wo sind die Pläne für neues Handeln,
um diese Erde zu verwandeln
und das Drama abzuwenden?
Denn das liegt ganz in unsren Händen.
Wenn das alle Menschen erkennen,
gewinnen wir das Wettrennen
mit der gnadenlosen Zeit.
Also seien wir alle jetzt bereit.
Schärfen die Sinne, unsere Intuition,
Mut sei die Munition.
Und Hoffnung unsere Waffe.

* Ich entschuldige mich bei den Tieren für diesen Ausdruck.

Zeiten der Verwirrung

Es sind Zeiten der Verwirrung,
verwirrende Zeiten,
durch die wir GEMEINSAM schreiten.

In diesen Zeiten der Verwirrung
heißt es, standhaft zu sein.

In diesen Zeiten der Verwirrung
lade das Vertrauen ein.

In diesen Zeiten der Verwirrung
ist für Angst kein Raum.

In diesen Zeiten der Verwirrung
glaube an den Weltentraum.

In diesen Zeiten der Verwirrung
stehe mutig an vorderster Front.

Das haben in Zeiten der Verwirrung
schon andere vor dir gekonnt.

In diesen Zeiten der Verwirrung
sei die Liebe für andere.

In diesen Zeiten der Verwirrung
stehe fest und wandere
in die heiteren Gefilde des Geistes.

In diesen Zeiten der Verwirrung
bleib im Jetzt, mäandere
ins Hier—warum?—du weißt es.

In diesen Zeiten der Verwirrung
zeichne eine Zukunft voll Licht.

In diesen Zeiten der Verwirrung
zeige der Sonne dein Gesicht.

In diesen Zeiten der Verwirrung
erfreue dich an der Stille.

In diesen Zeiten der Verwirrung
brich des Egos Wille.

In diesen Zeiten der Verwirrung
tanze, lache, springe.

In diesen Zeiten der Verwirrung
frohlocke, meditiere und singe

dein Lied, sodass alle es hören,
und sich die bad vibes daran stören,

sich auflösen in Wohlgefallen.
Sei im Vertrauen—
das hilft uns Allen!

When the wild

goose travel

they unravel

my wild heart

Zur Autorin

Das Schreiben begleitet mich seit meinem 10ten Lebensjahr, ausgelöst durch ein Erlebnis an einem frühen Sommermorgen: Ich erwachte im Zelt von einem ohrenbetäubenden Vogelkonzert, griff vollkommen überwältigt zu meinem neuen Taschenkalender und begann zu schreiben.

Neugierde, Abenteuerlust und meine Tätigkeit als Geographin mit Fokus auf Agroforstwirtschaft in den Tropen und Hochgebirgsökologie trugen mich immer wieder hinaus in die Welt. So verbrachte ich u. a. mehrere Jahre in Norwegen, Ostafrika—hier habe ich u.a. eine 5 jährige Feldforschung zum Thema Ressourcenmanagement mit Promotionsabschluss durchgeführt—den Niederlanden (u.a. Studium der Niederlandistik) und in Neuseeland. Ein wesentlicher Auslöser hierfür ist meine vom „Outdoor-Leben" und damit stark von der Natur geprägte Kindheit: Meine Großeltern hatten einen großen (Agroforst-)Garten mit kleiner Imkerei.

Neben dem Schreiben liebe ich den (freien) Tanz, die Fotographie, das Malen und Zeichnen, Vor(Lesen) und noch viele andere kreative Beschäftigungen. Ich fahre gerne Rennrad und Mountainbike, lieb(t)e das Tauchen und Kayak fahren, und von meiner intensiven Kampfsportzeit ist Tai Chi geblieben.